JN438567

반추

반 反
촉 蜀

김휘열 제2시집

겨울의 끝자락, 찬바람에
흔들리는 꽃가지로
봄이 오면
잔설 속에서 봉긋 솟아오른
꽃망울마다 춤추듯
꽃잎 피어오르고
…
바람에 부서져 흩어질 듯
애처로운, 진하지 않은
꽃잎이 속삭이듯 한 올씩
하늘거리고 있다.

도서출판 천우

● 시인의 말

시인으로서 시 한 편을 제대로 쓸 수 없는
저린 아픔 드리우면 그 아픔의 치유는
결국 시를 써야만 된다는 걸 알게 됩니다
늘 부족해도 누군가에게 아름다운 말 한마디
건네고 싶은 마음에
자연의 작은 바람 소리 하나에 귀 기울이고
사람들 사는 동안 작은 신음 소리도 귀담아듣고
시로 승화시키려 노력한 결실로
작은 우리들 모두에게 바치는 노래입니다
작은 교회당이 있는 산골에 가서
낙엽 궁구는 자연을 노래하며
들판에 홀로된 것이 외롭지 않은 고목
그 아래서 늘 보아도 아름다운 사람들과 함께
눈 내린 하얀 세상을 꿈꾸고 모두 행복해지는
꿈을 꿨으면 좋겠습니다
누군가에게 마음을 들켜 스스로 얼굴 붉히는
소년의 마음은 그저 아름다운 것입니다.

2012년 6월

제 1 부

바람 소리가 한숨 되다

● 시인의 말

눈이 온다 _ 13
가을이 오면 _ 14
바람 소리가 한숨 되다 _ 15
무엇으로 남으리 _ 16
하늘을 우물 삼아 _ 18
겨울나무 _ 20
추운 겨울날 전화가 왔다 _ 21
고독한 날 _ 22
착각의 늪에 빠지다 _ 23
유리의 노래 _ 24
밥 한술에 감사하며 _ 25
겨울 연우 _ 26
가질 수 없어 소중한 것 _ 27
조각구름 아래서 _ 28
원미산에서 _ 30
꿈과 현실 _ 32
이름이 없는 꽃 _ 34

제2부

잊혀진다는 것

매화(梅花) _ 37
눈물 _ 38
무창포 _ 40
고향 들판에 서서 · 1 _ 42
고향 들판에 서서 · 2 _ 43
고향 들판에 서서 · 3 _ 44
고목(古木) _ 45
봄비 _ 46
고도(孤島)로 가며 _ 47
우리들의 부끄러운 자화상 _ 48
안성교에서 _ 50
여울목 어는 밤 _ 52
불가항력 _ 53
원미동 연가 _ 54
채석강 노을을 보며 _ 56
천둥 _ 57
잊혀진다는 것 _ 58
원미동 시장으로 가자 _ 60
장터에서 _ 62

제3부

기다림

반추(反芻) _ 65
기다림 _ 66
틀에 갇히어 _ 67
성자(聖子)의 눈물 _ 68
상처로 아픈 계절 _ 69
세상이 힘들게 하여도 _ 70
사람이 종교 위해 울다 _ 72
퇴촌에서 만나다 _ 74
그의 죽음은 슬픔이 아니다 _ 75
달팽이 걸음 _ 76
돌팔매질을 멈춰라 _ 77
만추(晩秋) _ 78
기억상실증 _ 79
우리를 용서하소서 _ 80
사람의 아들이여 우리를 보소서 _ 81
원미동 이야기 _ 82
청맹과니로 _ 84
그리움 _ 85
혼자가 외로운 것이 아니다 _ 86

제4부

사는 동안 우리는

마흔아홉을 소묘하다 _ 91
눈 오는 겨울에 쓰는 시(詩) _ 92
한숨 쉬고 돌아가는 삶 _ 94
자유를 꿈꾸는 새가 되고 싶다 _ 96
사는 동안 우리는 _ 97
경계(境界)에 서서 _ 98
아침 산책 _ 100
그리움, 포근히 감싸는 저녁이다 _ 101
어떤 모순 _ 102
변명이 되지 않는 것 _ 103
별난 세상에 사는 우리 _ 104
입술 _ 105
친구야 _ 106
점포 정리 _ 108
행운은 날개가 있는 꿈이다 _ 110
우리 어디 가고 있나 _ 112
코알라가 자고 있다 _ 114

● 작품 평설

김휘열 시(詩) 악마적 시대고(時代苦) 극복의식 _ 115

제1부

바람 소리가 한숨 되다

눈이 온다

봄꽃 피듯 설레는 가슴
솔가지 부러질 듯 눈이 온다

봄꽃 피듯 소담스러운
눈이 송송 쌓이는 날이면
우리 아픈 기억이 치유되고
순백 하나로 모두가
행복해지는 꿈을 꾼다

검푸른 하늘 향해 곳곳이
가지를 세운 고향 마을
고목에 성긴 눈꽃,
달 속에 어리는 소싯적
친구들 모습이 그리운 밤

눈물 나는 외로움이 두려워
누군가에게 편지를 쓰고
장독대 위로 쌓이는 눈을
그저 바라만 보았다.

가을이 오면

먹구름 사라진
파란 하늘이 허전하다

가을 햇살
붉은 단풍잎에 머물고
지루한 장마를 걷어 낸
삽상한 가을바람은
산허리를 맴돈다

시들해진 국화꽃 대궁
나뭇가지 끝 갈잎에
마음 졸이고

언제나 스산한 낙엽은
미련을 놓지 못하는
탐욕의 굴레와
운명 되어 부서져 흩어지고
코끝에 와 닿는 겨울에
홀로 쓸쓸하다.

바람 소리가 한숨 되다

고유가로 파업이 줄을 잇고
좀체 불경기의 끝을 알 수 없다

퇴근길, 아파트 한 상가에
피자집이 개업을 했다

최근 몇 년
수없이 간판이 바뀌면서
이젠 바뀐 상가 주인들의
수심 가득한 모습을 바라보는 것이
내게 적잖은 고통이 되어 있고
언제부턴가 불현듯,
까닭 없는 걱정이 되어 있다

바람 소리가 한숨 되어 덧없이
시간을 소진하는 그런 삶

어쩌면 자그마한
희망 하나 없이 떠나는
가슴 미어지는 이야기들
……

그들에게 희망을 건네고 싶다.

무엇으로 남으리

장례식장 조등(弔燈) 아래로
삶과 죽음의 경계가 나뉘고
살아 있는 자 죽은 자 모두
무엇으로 남아야 하나
고민한다

포도원의 일꾼 하나가 툇마루로
소쿠리 하나 가득히
알알이 탐스러운 포도송이를
디밀어주고는 종종히 나간다

선악의 기준과 경계가
사람마다 각기 달라져
범죄 함이 담대해져 가고
도리어 의인이
조롱의 대상이 되기도 한다

덜렁이 가을 대추나무
가시에 석양이 찔렸다
홍시 터지듯 감빛 노을로
물든 하늘이

슬픈 눈망울에 비춰져
금방 피눈물로 쏟을 듯하다

우리 무엇으로 남으리.

하늘을 우물 삼아

아침 산을
아내와 느릿한 걸음으로
걸어 오르다

나뭇잎 사이로 보이는
아침 이슬에 맺힌 청명한
하늘 우물에
두레박줄을 풀어 내린다

아무리 퍼 올려도 건질 것
하나 없는 빈 우물
우물질을 멈추고 아내의 얼굴을
바라보다 서로 겸연쩍어
고개를 돌린다

스무 해 동안
늘 빈 두레박을 내렸다 올리며
둘이 걸어온 발자국 뒤를
따라오는 산그늘,
무심히 돌아다보니 훌쩍 하니
참 많은 시간이 지났다

우리가 두레박을 내려놓고 나면
우물에 맑은 물이 솟아 넘칠 것이다.

겨울나무

늦가을 서리에 이파리가 모두 떨어진 앙상한 겨울나무가 쓸쓸하다. 이파리 없는 나뭇가지마저 북풍에 부러지고 밤하늘 달빛은 차갑게 찾아든다. 이젠 걸친 것 하나 없는 알몸이다. 서 있는 것이 부끄러워도 가릴 수 없는 초라함, 벌거벗겨진 가지들을 어느새 달빛이 씻기우듯 탐닉하고 있다. 이파리가 무성할 때는 찾아들지 않던 은총이 앙상해진 겨울나무를 감싸고 있다.

추운 겨울날 전화가 왔다

— 연평도에서 산화한 군인들을 추모하며

사내아이가 자라서 군에 입대를 하였다. 훈련소에 도착하여 소포로 보내온 아들의 옷가지를 정리하다 어미는 품 안의 자식을 생각하며 눈물을 흘렸다. 아이는 몸 건강히 잘 다녀오겠다는 편지와 분단된 국가 현실에 조국을 지켜야 한다며 어미를 위로하였다. 망망대해 고독한 작은 섬 연평도로 자대 배치받으며 첫 휴가의 꿈을 꾸었다. 연평도에 북한군이 포격을 했다. 아이는 그 포탄 초연과 함께 산화하였다. 어미는 그 소식에 아들의 이름을 부르다 울다가 울다 지쳐 혼절을 했고 아들은 이 세상에 없다. 어미만 홀로 남기고 갔다. 이제 눈물 마르지 않는 세상을 홀로 살아가야 하리라.

조지워싱턴호가 서해 바다에 진입을 하여 군사훈련을 시작하였다. 북한은 불바다 운운하며 난리 난리법석을 치고. 타국에 나가 있는 딸아이가 부모 걱정에 전화를 했다. 나는 남은 두 아이와 저녁 식사 기도를 했다. 핵폭탄을 머리에 이고 살아가는 우리들, 남들은 우리들 보고 참 불쌍타 하겠다. 아마도 이상한 나라에 이상한 사람들이 살아가고 있다 할 것이다. 나는 추운 겨울 타국에 나가 있는 딸아이의 건강을 걱정한다.

고독한 날

그나마 남아 있던 몇 개 잎새마저 떨어지고 나니, 은행나무 가지에서 다투는 듯, 둔탁한 소리가 밤새 된바람에 윙윙거린다.

이른 봄 흰 눈 위로 쑥 꽃이 피어오르기까지는, 그나마 실타래같이 이어온 정마저도 나누기 힘들 듯하다. 계절은 중년의 가슴을 도려낸 듯 아픔만 주고 떠나가나 부다.

시공간 속에서 서로를 확인할 여유도 없이, 성급히 탐닉하다 낯선 사람들처럼 돌아서고 흩어져 버리는, 멈춰질 수 없는 시간들이 아스라해지는 날이다.

착각의 늪에 빠지다

살점 도려내듯 아린
겨우내 칼바람에 산기슭 오달진
고목의 가지가 부러진

아픈 계절이 머물던 자리
새순이 피어오른 두릅나무 사이
길 잃은 고라니 한 마리
그렁한 눈망울과 마주쳤다

화들짝 놀래 뛰는 것이
포획자로 오해했나 싶다
입가로 번진 실소를 머금고
늘 자연을 먼저 점령하려는
지나친 탐심을 질책 받고
자연의 구성원이라 생각을 했다

늘 착각의 늪에 빠져
흔적 없이 왔다 가는 길을 잃고
계절의 색깔도 구분하지 못하는
삶이 아니었는지 되묻는다.

유리의 노래

유리는 보석이다
깨어진 먼 밤하늘,
별빛 되어 비추고

청청한 가을 하늘
솜털 구름 수채화를
투명한 유리알에
그리고 나면

흐르는 강물도
파란 하늘 아래 바닷물도
유리알처럼 빛난다

투명의 겉옷도
고운 백옥 빛깔로 거듭나는
보석이다.

밥 한술에 감사하며

밥 한술 뜨기 전
기도한다
종말에 한 끼 식사로 인해
영혼을 팔지 않게 되기를
기도한다

지금 이 시대에
젊은 작가가 한 끼 식사를
해결하지 못하여 세상을 등졌다

구걸을 위해
거리로 나서지 않은 것은
아마도 한 푼 안 되는 알량한
작가의 자존심이었을 것이다

하고많은 별 중에 하나라도
그의 별이 되고 위로가 되면
그나마 부끄럽게 남아 있는 자들의
마음의 짐을 벗을 수 있겠다.

겨울 연우

안개비가 북풍에 나뭇가지가 잘려 나간 숲을 휘감고 있다. 겨울에 내리는 안개비는 낯설어서인지 유난히 쓸쓸하게만 느껴진다. 보일 듯 희미한 인적도 산길을 떠난, 지금은 혼자 걷는 외로움에 더욱 쓸쓸하고, 무심히 걷다 호숫가로 피어 있던 안개비가 햇살을 품어 무지개 피어나면 행복해지는 꿈을 꾸었다. 겨울에 내리는 안개비가 상처로 가슴 아픈 추억 하나를 생각하게 하고 오래 머물 수 없는 산길을 접고 짐 하나를 풀어 내리게 하는 마음을 갖게 한다.

가질 수 없어 소중한 것

먼 하늘 초롱한
보석, 그 눈부신 별빛이
아련히 가슴속으로
헤적이고 들어와

나에게 자국으로 남아도
가질 수 없는 것

아니, 그 누구도
바라만 봐야 하는 것

가질 수 없어 아름다운
소중한 것.

조각구름 아래서

그리움도 잊어
흔한 엽서 한 장 보내는 것도 잊고

어느 것 하나 정겹지 않은 봄,
느린 걸음 덕에 듣는 바람 소리
겨울의 끝자락 잔설 위에 피는
화사한 봄의 빛깔을 본다

겨우내 맹추위가
봄의 언저리까지 어른거려
꽃망울을 보지 못한 벚꽃이
어느새 활짝 피었고

쉰 살이 넘도록 폭주하듯
고빗사위를 넘으며 온 날들

수십 년 만에 연락이 닿은 친구에게
급하다 핀잔도 듣는다

재촉하는 변화에
적응하랴 변덕스런 계절에
옷가지 하나 챙기기 바쁜

그저 바삐 살아가는
서로를 이해하길 바랄 뿐이다

큰 새 한 마리가 파란 하늘로
곤두박질쳐서 흩어놓은
조각구름 아래서 서로 기댈 수 있는
등이 되었으면 좋겠다.

원미산에서

소사역에서 멀뫼로 따라
펼쳐져 있는 야트막한 능선
산자락이 전부 손끝에 잡힐 듯하다

사월, 진달래꽃이
온 산으로 타오르면
왕 벚꽃이 흐드러지게 피고

초여름 아카시아 향기가
새벽이슬에 베란다까지
내려와 머무는 아침이 있다

올해는
서너 뼘 될 듯한
텃밭에 심은 여주와 수세미를
몽땅 서리를 해갔다

이웃과 소통이 없는 숨 죽은 도시에서
이렇게나마 이웃과 소유한 것을
나눌 수 있다는 것도 큰 행복이다

산그늘에서
음율 고르지 않은 색소폰 소리를
들어주고 갈채를 보내는
사람들이 싱그럽기만 하다.

꿈과 현실

고목이 쓰러져 궁구는 들판
햇살 머금은 이파리 신록
길을 걷다
끔찍한 뱀의 머리를 치고
이리 떼에 쫓기다
고랑에 다리가 빠져 소리를
지르다 깨어 보니
칠흑의 밤길,
등불 하나에 반가운
산골 주막에 잠시 쉬려 하니
모두 낯선 얼굴뿐이다
아내는 가위에 눌린 나를
흔들어 깨우고
실없는 사람 취급을 한다
꿈과 현세의 연속은
어떤 날 문뜩,
내세의 한 단면일지도
모른다는 생각,
지금 아픔도 곧 잊혀진다는 것
꿈은 잠시 잠자는 현실이고
현실은 잠시 깨어 있는 꿈이

꿈과 현실이
함께 가로누워 있다는 것이
혼돈스럽다.

이름이 없는 꽃

석양빛에 그림자가
늘어지는 저녁

갈참나무 오솔길
느슨한 바람에 나뭇잎이
나붓나붓 흔들리고

고운 하늘 아래
꽃 이름 하나 얻지 못한
구절초가 잡초처럼
무더기로 얽혀 누워 있다

별반, 그 흔한 꽃 이름 하나
지어 주는 자 따로 없어
설움이 있어도
울음소리 내지 못하고
숨죽이듯 인고의 긴 세월 따라온
가냘픈 떨림

숲도 따라 누웠다.

제2부

잊혀진다는 것

매화(梅花)

겨울의 끝자락, 찬바람에
흔들리는 꽃가지로
봄이 오면
잔설 속에서 봉긋 솟아오른
꽃망울마다 춤추듯
꽃잎 피어오르고

봄추위 아랑곳없이 홀로
여린 꽃을 피우다
청초히 은은한 향기로
봄소식을 먼저 전한다

휘지 않는 고결한 선비의
모습으로 오기도 하고
전장에서 막 돌아와 투구를 벗는
장수 모습으로 올 적도 있다

바람에 부서져 흩어질 듯
애처로운, 진하지 않은
꽃잎이 속삭이듯 한 올씩
하늘거리고 있다.

눈물

찬밥에 목이 메여
서글픈
눈물방울이 떨어졌다

다섯 살 적
폐병으로 떠난
어머니의 꽃상여를
붉은 옥수수 밭에서
바라보며
눈물만 흘렸다

사립문 열고
어머니가 돌아오는
꿈을 꾸고
그리워
흐르던 눈물은
밤마다 베갯잇을 적셨고
다음 생애는
어머니와 함께
살 수 있게 해 달라
기도했다

열두 살 적
할머니마저 돌아가신 뒤
아이는
검은 가마솥에
홀로 아버지 밥을 짓고
꿈결에 사립문 열고 오는
어머니를
만나기 위해
별이 뜨기 전 잠자리에
들곤 하였다.

무창포

백사장과 석대도 사이
우아한 곡선
신비의 바닷길로
황홀한 노을이 지고

줄지은 인파가
바다로 발끝을 향하고
백사장에 남은 아이들은
저를 부르는 소리
아랑곳없이
손등에 바다를 담고
제집 찾아 길을 내는
민꽃게 게걸음에
혼쭐을 놓는다

등대 끝까지
이어진 방파제에서
낚시꾼들이 하늘을 향해
삿대질하고
검푸른 바다에서, 제법
씨알 굵은 망둥이가
낚싯줄에 퍼덕인다

해 질 녘까지
그렇게 나를 까마득히
잊고 있다가 고깃배 떠나는
작은 섬들 사이
허공으로 휘도는
날개 없는 바람을 보았다.

고향 들판에 서서 · 1

면사무소 마당이 있던 가사리*를 떠나온 지 삼십 년이다. 자전거 수리점 골목 느티나무 옆으로 천막 교회당 그곳에서 우리가 세례를 받았다. 지금 그 흔적은 없고 늙은 목사님도 세상을 떠난 지 오래다. 신새벽 교회당 종소리 그리고 동트는 동쪽 하늘이 가져오는 신비한 이상을 꿈꾸고 갈망하던 시절, 빛바랜 사진 하나가 애잔한 그리움 속으로 나를 몰아간다.

* 가사리 : 경기도 안성시 가사동의 옛 이름.

고향 들판에 서서 · 2

어느 여름날 안성천 모래밭을 뛰어놀다, 갑자기 쏟아지는 소나기를 피했던 참외 원두막, 비에 흠뻑 젖은 셔츠 위로 막 피어오르던 계집아이의 봉긋한 가슴을 보았다. 수줍어 바로 보지 못하고 비 멈출 때를 기다려 도망치듯 집으로 달음질을 쳤다. 그 후로 계집아이를 볼 때마다 속내를 들킨 것 같아 나는 늘 얼굴을 붉히곤 했다.

고향 들판에 서서 · 3

갓 스물을 넘어 계집아이는 시집을 갔고 지금 나는 고향 집 근처에 지어지고 있는 버스터미널 앞에 서 있다. 한 무리 흰 교복을 입은 학생들이 지나간다. 포플러 나무 정겹던 신작로도 여름밤 벌거벗고 서리하다 들켜 달음질하던 논두렁길도 이젠 흔적 없이 사라졌다. 질주하는 스쿠터 소음이 유난히 요란하게 느껴진다.

고목(古木)

소풍날, 노상 비가 왔다

교정에 고목을 베어
생긴 일이라 했다

이따금, 쓸려오는 바람에
이파리 흔들리며
마을 어귀에 슬프게 서 있는
큰 그루터기 고목

새순으로 싹이 튼 이후
한 발짝 걸음을 떼어보지 못한
여느 세월, 깊은 침묵
삶의 고빗사위를
너른 그늘로 보듬어오고

손짓으로 틀어진 가지
입맞춤하는 붉은 노을을
휘잡고 있다.

봄비

연우(煙雨)에 촉촉이 젖은 풀잎
매화에 진주처럼 빗방울이 맺혔다

까만 겨울 추녀에 달린 고드름을
베어 물고
냇가에서 빨래하던 누이의
거북 등처럼 갈라진 누이의 손등에 나던
핏자욱이 애처로웠다

상처에 새살이 나듯
솔나무 사이 그루터기에서
새순이 돋아나는 봄

빙판 위에 넘어진 푯말을 세우고
아픈 상처 모두가 치유되는 봄이다.

고도(孤島)로 가며

미워할 사람도
미워할 일도 많은
삶의 질주에서 잠시 일탈,
남태평양의 정취 가득한
타라웨라 산* 위에 있다

하늘빛과 물빛의
구별이 없는 타스만 해 상공,
양털 꽃구름 아래
검푸른 바다를 가르며
남극으로 가는 여객선이
여유롭게 보이고

쏟아질 듯한
성근 별들이 총총한 밤하늘,
딱히 구분이 없는 로토루아
불빛이 따듯하다

원래 미워할 것이 없었던 터다.

*타라웨라 산 : 뉴질랜드 북섬 로토루아에 위치한 산.

우리들의 부끄러운 자화상

— 숭례문이 소실되다

무자년 설날 연휴 끝자락
버려진 자식처럼
도심 속 고층 빌딩 숲 사이로
외로이 떠 있던
숭례문이 소실되었다

대들보와 단청 아래로
우리의 아비의 아비의 아비들이
상소문을 올리려 뛰고
먼 길에 지친 등짐장수들이
그늘 아래서 어미 뱃속 같은 평안을 느끼고
어떤 폐위된 왕과 왕비가
먼 길 따라나서며 다시는 못 볼
그리움의 초상(肖像)으로 가슴에 담고 살아간
육백 년이다

임진왜란, 병자호란,
한국전쟁 중에도 지켜진 것이
하필 우리 세대에 사단이 났다
불탄 국보 1호 모습은
이젠 아무도 돌봐 줄 수 없는
우리 모두의 부끄러운 자화상이다

어처구니없이 당한 현실
실없는 웃음이 터진다

가뜩이나 움츠러지는 겨울,
뒷산 나뭇가지에 바람이 엉겨 붙는다.

안성교에서

고향 집에 들린 터에
안성교에 갔다

오랜 풍우에 이젠
우마도 다닐 수 없다

녹슨 철근이
배를 드러내고 있다

모르는 사람이 어깨를
툭 치고 지나간다

무안할까 봐
반갑게 인사를 했다

조부와 아비가
아비와 내가
건너던 다리다

장날이면 궁벽한
촌부가 소잔등을
후려치며 건너던
늠름한 다리였다

이랴
이랴.

여울목 어는 밤

— 금융 위기를 느끼며

해거미가 비탈길을 따라 오른다. 언덕 언저리 차곡히 쌓였던 낙엽 더미를 초겨울 된바람이 흩어 놓고 간다.

그나마 앙상한 나뭇가지에 남아 있던 낙엽 하나가 떨어져 데구루 굴러 바람개비 돌듯 멀리 날아간다.

서로를 비비려는 잎새 없는 나뭇가지 부딪치는 소리가 적막을 깨고 있다. 여울목이 얼어붙는 밤 별빛조차도 서글퍼 보인다.

감꽃이 피어오르는 따스한 날이 오기까지 오랫동안 설움을 묻어야 한다. 미국발 금융 위기가 겨울밤을 꽁꽁 얼어붙게 하고 있다.

불가항력

대지진, 십오 미터 해일이
일본의 동쪽 해안을 쓸고 갔다
대자연 앞에
풀썩 주저앉은 사람들
셀 수 없는 까만 눈망울들이
바다로 쓸려갔다
사람이 어찌할 수 없는 일이다

변변치 못한 이름 하나
제대로 적지도 못하고
작다란 자화상 하나
그리지도 못하고 망망대해로
작은 흔적 두고 떠내려갔다

말세의 징조니 천부의 진노니
마구 말방아 하는 자들로 인해
상처는 더 아프고
아쉬워할 시간 없이
길을 떠나보낸
폐허 더미 속에서 건진 어린 생명,
감격의 눈물을 흘린다.

원미동 연가

선홍빛 진달래가
원미산으로 타오르면
김포공항 가는 길
멀뫼 길섶으로
왕벚꽃이 흐드러진다

오월, 아카시아 꽃향기가
퇴색해져 가는 도시인들의
가슴 섶으로 파고들어
시립도서관 아래 교회당으로
이어져 돌아 오가는 사람들의
발걸음을 싱그럽게 하고

원미동 시장의 훈훈한
흥정 소리가 정겨워
늦은 밤,
이슬이 밟힐 때까지
선술집에서 목청 돋우며
떠나온 고향 이야기로
지새우다

고향 떠나올 때
뒷동산에서 울던
뻐꾸기 울음소리가
원미산 풀벌레 소리에
묻어나올 때면
화폭에 채색구름을
담으려다 늘 미완성으로
남기우고

서해 바다 아늑한 지평선
부평 들녘 하늘 위로
뉘엿하게 해 기우는 저녁
황홀한 붉은 노을을
바라보며 경탄을 하곤 한다.

채석강 노을을 보며

채석강* 층암절벽 아래로 떨어지는 노을이 황홀하다. 공허한 대지의 하루를 고단히 인도하고, 하늘빛을 온통 붉게 물들이며, 서해의 뱃길 물질하는 아낙의 머리 위로 석양이 지고 있다. 추억은 재생의 본능을 가지고 있다. 억년의 책장 바위가 파도가 수없이 떠밀쳐 가도 쌓여지듯, 소멸은 도리어 끊임없는 되새김으로 재생의 본능을 채찍질한다. 쌓이면 썩어지고 또 쌓이고를 반복하며 밀알을 싹 틔우고 하나의 밀알은 지층을 뚫는 용암의 힘을 가지고 있다. 해송 솔가지 위로 갈매기의 군무가 보인다. 모두가 아름답게만 느껴지는 책장 하나씩을 가진 듯하다.

* 채석강 : 변산반도 비경(책을 10,000권을 쌓은 듯한 바위 절벽).

천둥

천둥 울고 벼락 치는 밤 내 장대비가 내린다. 사람의 행위가 하늘을 분노케 하여 생전 동안 지은 죄를 물구덩이에 담아 가두려나 부다. 양파의 껍질을 벗기듯 심장의 허울을 벗기어 긴 세월 동안 자신도 모르게 달궈져 온 범죄의 습성들, 뒤돌아볼 시간을 이 밤 동안 신께서 허락한 듯하다. 비가 그치기 전 신발을 벗고 질퍽한 진흙길을 걷는다. 발가락 사이로 미끌거리는 흙의 촉감이 몸속 깊이 파고든다.

잊혀진다는 것

침묵으로 차츰 상실
되어 가는 것
언뜻 떠오른 것 없어
이끌린 행동으로
생각도 미치지 못했다

아득한 은하수의
차가운 별빛으로
몸을 씻고

떠돌다 시공의 벽을
훌쩍 넘어
흔적 없이 온 길을
되돌아가는 나그네

밤마다 이슬을
가득 담아
하늘로 올리던 두레박,
그 빈 곳 채우다
몸살로 앓아누운 날,

구름마저 따스한 햇볕을
헤살 짓고

풀잎 축 늘어지도록
가득 맺힌 이슬 같은
그리움도 흩어지고 있다.

원미동 시장으로 가자

원미동 시장으로 가자
언제나 반가운 얼굴들
지나온 흔적들이
이마에 주름으로 남아 있고
무척이나 고향이 그리울 때
이곳에서 만난 사람들끼리
정을 나누며 살아온 곳이다

발걸음 닿는 곳에서
손 내밀어 악수하고
종종걸음으로 걷다 보면
모두가 반가운 얼굴들
연실이 방긋 웃는 아기
유모차를 밀어 가며
흥정을 하는 모습이 정겹다
원미동 교회 담임목사님
원미동 성당 주임신부님
석왕사 주지스님
지나치는 사람 모두가
낯설지 않은 이웃들이다

원미동 시장으로 가자
아내를 위하여 붉은 장미를 사고
신랑 밥상에 고등어 한 손을 사고
방금 일 마치고 돌아온
오랜 친구와 술잔 나눠 보자

모두가 물 위에
꽃을 피우듯 소리 없이
주어진 소박한 삶의
꽃을 피우며
살아가는 사람들이다.

장터에서

함박눈에
강물 위로 길이 나고
등짐장수들이
꼬리를 문다

여리꾼들의
우스꽝스런 몸짓
아이들 굿중놀이

아비가 집 떠나
과년한 딸을
홀로 키운 국밥집의
삐걱이는 탁자 위
아버지와 마주한
국밥 온기가
벅찬 행복에 겨웠고

해걷이바람에
손등이 거북 등처럼
갈라진 것도 잊은
팽이놀이
모두 그리움이다.

제3부

기다림

반추(反芻)

장독 위로 눈이 수북이 쌓인 아침, 장으로 행상을 갔던 어머니가 돌아오지 않았다. 누이는 청솔가지를 아궁이에 지피우고 뒤주에 남은 한 줌 보리쌀로 오남매의 아침밥을 지었다. 길 막힌 신작로에 군용 지프가 지나간 후, 저물녘 어머니가 돌아올 때까지 나는, 부지깽이로 어머니 얼굴만 그리고 앉아 있었다.

백 년 만에 폭설로 도심이 혼잡한 가운데 레커차 소리가 분주하다. 눈 가득히 쌓인 바깥 풍경이 보이는 베란다에 햇살이 오종종하다. 팔순을 넘긴 노부모가 그 시절을 회상하며 없는 집에 시집을 와서 고생을 했다느니 나라가 가난해서 그랬다느니 언쟁을 하신다. 내일 아침 기온이 영하 이십 도까지 떨어진다 한다. 타국에 가 있는 딸자식의 안부를 걱정하는 겨울, 바람이 차다.

기다림

기다리던
봄이 오는 듯 사라졌다

모진 추위에 파르르 떨며
울던 아픈 목련가지에
온갖 힘 다해 꽃송이를 피우고
기다리던 봄이
순식간에 멀어졌다

기다리는 동안 설렘은
포근한 구름 위 행복에 겨웠다

떠나는 것에 익숙해졌고
떠난 뒤, 파도처럼 밀려든
공허함은 아픈 상처 되어
메울 수 없는
텅 빈 공간을 남긴다

기다리는 동안 행복은
헤어지는 아픔의 시작이 되고
잊혀진다는 것은 서글픔이다.

틀에 갇히어

남을 위해 아파하는 것
누군가 나를 배려해 주기를
바라는 마음이고

남의 눈물을 닦는 것
누군가 나의 슬픔을
위로해 주길 바라는 마음이다

결국, 나는 남을 위해
한 발짝도 내딛지 못한
미숙아로
쳇바퀴 돌듯 틀 안에 머물다

설핏 잠든 사이 꿈결에
고샅길을 헤매고
대낮 취객과 어우러져
제집 문지방도 기어 넘는
어설픈 사람이겠다.

성자(聖子)의 눈물

육신의 몸을 입어 이 땅에, 사람의 아들로 왔다

그는 사람 위해
궁벽한 베들레헴 마구간에서 낳고
그는 사람 위해
나사렛 마을 목수의 아들로 살았고
그는 사람 위해
골고다 언덕의 수난을 허락했다

이 땅에 그 뜻대로 열망하던 평화만 있고
하늘에는 영광만이 있기를 갈망하는 선량들의 희생이 뒤잇고
이면에 그의 부활이 나눔을 모르는
저들만의 부유를 위함이라 소드락질하는 자들이 득실하다

스쳐 지나는 작은 바람에도 까닥거리는 삶,
목에 걸린 울음소리를 참아내느라 북풍에 풍창마저
떨어져 나가는 것을 잊었다
한동안 나는, 성자(聖子)가 눈물을 흘린 까닭을 알지 못했다.

상처로 아픈 계절

매서운 추위다

삭풍에
아카시아 나뭇가지가 꺾어져 내려
지금은 먼 길을 떠나 주인 없는
높다란이 틀어 놓은 빈 둥우리가
무너졌다
이른 봄부터 늦은 가을까지
어미 새의 기척마다
목젖을 내놓고 울어 대던
어린 까치들의 소릿결이 있고
매번 서투른 밭일에 분주한
아내의 정수리를 맴돌다
밭이랑으로 희고 푸른 날개덮깃 푸득이며
먹이를 물어 나르던
까치 한 쌍이 돌아와야 할 그 둥지다
낮달이 걸려 있는 겨울 산
바람이 모두를 쓸고 가려나 부다

홀로 서 있는 것이 무척이나 힘겹다.

세상이 힘들게 하여도

거룩한 종교가 빛을 잃어
마음이 시끄럽다

천부의 존재를 거부하려니
북받치는 은혜
경탄의 대 우주를 의심하는
사람이 되겠다

올 한 해, 병이 깊어
베란다 화분에 분갈이를
못 했더니
꽃 진 늦가을 화분 잎새가
황달에 걸렸다

그가 찔림은 우리의 허물을
위함이라
우리의 찔림을 면하려 함이라

여태 온 길, 뒤돌아 가려는
용기가 없으니
모두 아름답게 적어야 할 듯하다

이슥한 밤, 툇마루 아래 개가
으르렁댄다
잠결에 주인의 신음 소리를
잊었나 보다.

사람이 종교 위해 울다

저문 팔월 저녁
허기진 배를 달래며
교회당 종소리에
평온한 잠이 들고
가브리엘 천사* 앞에서
어린양의 품에 안기는
꿈을 꾸곤 했다

가난한 사람 위해
존재의 이유가 있는
종교는 빛을 잃어
흐르는 강물에 떠가는
희미한 달빛 아래
낙엽이 되고

그 미물 같은 사람 위해
고뇌하던
종교의 거룩한 옷은
찢겨
공사장 깃발 되어
나풀대고 있다

종교가 사람을 위해
흘리던 눈물은 마르고
사람이 종교를 위해
울며 서 있다.

* 가브리엘 천사 : 성경에 나오는 대천사.

퇴촌에서 만나다

팔당댐 돌아
거대한 팔당호의 잔잔한 수면 위로
물고기 은빛 비늘이 석양에 번뜩인다
천진암 가는 길목 퇴촌이다

마흔아홉 나이에 낯선 곳
우리는 모두 이곳이 초행이다
열예닐곱 가슴 봉긋 부풀어 오르는
소녀를 보고 풋풋한 가슴에
첫 여인으로 담아두려던
사람이 사는 이유뿐이다

퇴촌에서 잠시 우리가 만났다
고향 안성천변으로 흐르다 멈춘 이야기를
남한강변 남종 길에서 마저 쓰고 있다

모두가 그리움 흔적들로 듬뿍한 나이
소싯적 친구들이 하나둘 모여
웃음소리가 별빛 타는 찻집, 초여름
우리는 지금 퇴촌 밤하늘을 보고 있다.

그의 죽음은 슬픔이 아니다

— 고 이태석 신부를 추모하며

누가, 그를 그곳으로 가라 했나 누가
그를 수단의 작은 마을 톤즈로 가게 했나
가난과 질병 그리고 초연(硝煙)이 가득한 곳에서
목숨 다해 이루려던 것이 무엇이었나
그는 지금, 이 땅에 없고 톤즈에는
그의 죽음을 슬퍼하는 사람들만 남았다

이 땅에, 오래 머무를 이유가 있는
할 일 많은 사람이 훌쩍 떠난 까닭이다
훗날, 변질된 완결자로 남아 어둠의 아들이
되어 가는 것을 거부한 천부의 뜻일지도 모른다
지금이 그가 꿈꿔 왔던 전부를 이룬 것이고
그의 죽음은 슬픔이 아니다

톤즈는 죽음의 땅으로 마치는 것이 아니라
사람이 볼 수 없는 꺼지지 않는 불꽃들이
지금 막 울음보를 터뜨리는 아기들의
고사리 같은 손안에서 하나씩 피어나고 있다
늘 사람은 미완성으로 떠나야 하고
완성을 이루는 자의 뜻을 바라만 보아야 한다.

달팽이 걸음

달팽이가 더듬이를 더듬으며
작은 돌멩이 하나를 힘겹게 넘었다

태풍으로 넘어져 길을 막은
아름드리 미루나무를 넘어야 한다

천천히 기어 걷는 여유로움이
시름없는 인내의 정점에 선 듯하다

가던 걸음 잠시 멈추니 소낙비로
생긴 도랑에 흐르는 물소리가 들린다

천천히 남겨진
발자국이 진한 흔적으로 남는다.

돌팔매질을 멈춰라

예쁜 아나운서가
소셜 네트워크 서비스 공간
뭇매에 오던 길로 갔다

모두가 타향인
흉흉한 도시에서
사는 것
힘에 부친다

밤하늘을 흐르는 은하수
얼음 칼날같이 뒤엉키며
비추는
수많은 별빛에서
설레는 마음 보듬으며
노상 힘들어도
희망의 끈을 이어가는 삶

돌팔매질을 멈추고
물안개 곰실거리는
조용한 수면 같은 평화
위로하고
따스한 온기를 전하자.

만추(晩秋)

파란 하늘 양털 구름
노란 은행나무 위로 머물고

탐스럽게 영근 붉은 수수 밭
코스모스 위로 고추잠자리
무리로 날고 있다

타작마당, 탈곡기 소리
황금빛 들판 사이 볏단 실은
황소가 느릿한 걸음을 옮기고

말간 햇살 멍석 위에
콩잎대를 도리깨질하다
끼니 맞춰 나온 곁두리에
허기져 둘러앉는 아이들

어느새 앞산에
뉘엿 기우는 붉은 노을
단풍이 불타고 있다.

기억상실증

모두 기억상실증에 걸렸다. 노아 시대에 창조주가 인류를 홍수로 심판할 때 사람이 악하여 사람 지으심을 탄식했다.

기도원들이 폐허가 되고 경영난으로 한 해에 삼백여 개 교회가 문을 닫는 현실이 있고 이천 억을 들여 교회당을 건립한다. 교단 총회에 각목이 등장을 하고 금품이 살포되었다. 알 듯 모를 듯, 미소를 띤 노숙자가 그 앞을 지나가고 누가 누구를 양육해야 하는지 구분이 없다. 갈채를 보내야 하는 대상을 상실한 시대, 모두 기억상실증에 걸렸다.

무심히 바라본 서산에 걸린 해, 붉은 노을이 세마포에 인자(人子)의 핏물이 물들어 걸린 듯하고 기억상실증에서 벗어나기를 간절히 기도하는 사람들의 통곡이 있다. 내일 모처럼 비 소식이 있다. 모두를 용서하는 단비가 늦가을, 마른 들판을 흠뻑 적셔 주고 갔으면 좋겠다.

우리를 용서하소서

신종플루 유행이 언제 끝나려는지 큰 시름이다. 전직 대통령이 현직 시장이 톱모델이 연예인이 스스로 생명을 마감한 소식들도 모두 익숙해진 탓인지 누구도 놀라는 기색이 없다. 다들 살기가 버거웠던 모양이다. 21세기는 사람이 살아가는 데 걸림이 많다. 구백육십 년 의인으로 살았던 노아도 이 시대에선 의인으로 살기가 그리 쉽진 않을 듯하다. 겨울 아침 출근길에 노숙자들이 헝클어진 머리로 지하도를 빠져나간다. 밤새 추위로 떨다 아침 햇살에 포근함을 느꼈으리라. 21세기의 양면성이다. 저녁 밥상에 자반고등어 하나 올리려 하루를 바삐 살다가 문뜩 아이들 학비 오를 노파심으로 머리가 혼잡해진다. 이젠 고민도 습관이 되어 도리어 고민이 없으면 안식이 없는 이상한 시대를 우리가 걷고 있다. 호주머니를 뒤지다 떨어진 동전 하나가 하수구 틈새로 빠진다. 핵실험 위성 발사를 하는 동안 북극 만년설이 녹아내린다. 우리를 용서하소서.

사람의 아들이여 우리를 보소서

창세전부터 있던 이가 이 땅에 사람의 아들로 왔다. 처녀의 몸에 성령으로 잉태되어 비천한 곳, 베들레헴 마구간에서 태어났다. 이 땅에 새로운 계명을 선포하고 우물가 사마리아 여인에게 구원을 약속했다. 분노한 유대인들이 빌라도에게 주어 가시 왕관을 씌워 조롱했다. 갈보리 언덕에서 육신에 못 박히는 고난, 마지막 날 오른쪽 강도에게 낙원에 이를 것을 약조했다. 허리에 창이 찔렸다. 구세주는 인류를 위한 소임(所任)을 마쳤다.

저녁 예배를 파하는 도심의 교회, 심술스럽게 생긴 문지기가 서둘러 철문을 닫아건다. 이웃 주민들이 교회 앞마당에 차를 세울까 염려로 보인다. 운명(殞命) 전 사람의 아들 곁으로 다가가려던 마리아의 앞을 창으로 가로막던, 숙련된 로마 병정처럼 보인다. 주차 시비로 이웃들 간 다툼이 흔해지고 교인들이 모두 빠져나간 교회 앞마당은 텅 비었다. 이런 일이 이젠 예삿일이 되어 슬퍼하는 사람이 고독해지는, 우리는 모두를 체념하듯 살아가고 있다.

원미동 이야기

원미산에 돋는 해를 보며
동네 가운데로 장이 열리고
바쁜 하루가 시작된다

이곳으로 거처를 옮겨 온 지
스무 이래
큰아이가 대학을 다닐 때까지
뗄 수 없는 정이 들었다

아이들 돌잔치에 집이 좁아
초대할 지인들을 계수하며
대접했던 시장 골목집

탁주 한 잔 권하지 못해 늘
섭섭해하던 안면도 아저씨는
성공기를 이내 쓰지 못하고
지병으로 고향에 갔다

요즘은
뉴타운 이야기로 시끌하다
그나저나
올망한 터라도 있는 사람들에겐
가슴 벅찬 희망이겠지만

아마 떠나야 할 사람들이 많아
속내를 내놓기도 쉽지 않다

어느 비 내리는 날,
원미구청 분수대
간판을 내리고 넋 놓은
땅끝 마을 친구에게
차마 위로의
말을 전할 용기가 없었다

도심의 가장자리
자지러지는 풀벌레의
울음이 있는 곳

나누는 사랑이 크기에
통각의 아픔도
쉽게 소멸시킬 수 있는
마법을 가지고 살아가는 사람들

모두가
뒤돌아 가야 하는 날에
가슴에 지워지지 않는 이야기다.

청맹과니로

동짓달, 아직 찬 골방에 불을 지피지 못하는 신세에 울분을 삭이며 살아가는 사람들이 있다. 종교가 세습에 익숙해지고 회당을 넓게 하는 일에 전념이다. 길과 진리를 말하는 사람들에게 사회적 약자에 대한 종교적 책임에 대해 논의하다, 신을 훼방하지 말라는 민망한 말만 듣고 말았다. 그들을 용서하는 것이 나와 상관없는 일인 듯하다.

루터 시절, 종교개혁의 원인을 애써 외면하고, 부(富)를 잇기 위해 사람 사는 곳, 어디든 권력이 상하로 존재해 가고 그런 것을 지키려는 보편적인 인간의 고뇌가 종교에도 통용되는 것이 씁쓸하다. 누가 그들을 위해 추어올릴 사람이 있을까 그들을 바라보는 우리는 청맹과니로 제 길로 떠나야 하나 부다.

몇 년 전 호스피스로 봉사하던 시골 교회 목사님 모습이 크게 다가온다. 창조 후 억겁 년 만에 봉황이 처음으로 날았던 산, 푸릇한 가을 달빛에 밤송이가 소담스러운 산봉우리를 향해 천부가 인간에게 하고 싶은 말을 통분으로 다 하고, 꺼져가는 하나의 영혼을 위해 울다 잠든 이슥한 밤, 천부가 귀밑으로 은밀히 전하는 나직한 위로의 음성을 듣고서야, 그는 황홀한 기쁨에 겨웠다.

그리움

누군가 살갑게 맞아주길
기대했던 것에
실망이 역력한 눈빛
숨바꼭질하듯
서로가 머물던 자리를 찾아들어도
쳇바퀴 돌듯
단 한 번 마주치지 못함은
전생의 인연이 없음이라
소멸과 생성이 늘 번복되기에
가슴에 체증으로 쌓였던
사랫길 따라 오가던 그날의 기억도
그리움 남고 잊혀 가는 것.

혼자가 외로운 것이 아니다

늘 떠난다는 생각에
정을 주지 않고
살아가는 사람들
혼자가 외로운 것이 아니다
용서하지 않는 것
너그럽지 않은 것
잠시 머문다는 생각이
외로운 것이다

저녁연기
드문드문 피워 올리며
마실 길이 멀어 떨어져서
살던 시절도 외롭다 하고
느끼지 않았다

가까이 살아도 멀게만
느껴지는 이웃
엘리베이터에서도 인사를
나누지 않는

서로의 관심을 도리어
불편해하는
이상한 공간에서
아래위로 살아가는 것
홀로 살아가는 법이다.

제4부

사는 동안 우리는

마흔아홉을 소묘하다

술 한 잔 하지 않은 사람에게 노래를 권한다. 나도 강심장이다. 친구들 앞에서 별 떨림 없이 한 곡조 읊었다. 솔가지가 하늘로 휘어 있는 카페 문을 나와, 누군가 떨구고 간 빗방울 떨어지는 추녀 아래서 정원을 소묘한다. 마흔아홉 해 오월 라일락 꽃잎이 싱그럽다.

밤잠 설쳐 게슴츠레한 눈자위로, 소싯적 친구들의 꽤 오래 묵은 목소리들이 설핏 지나간다. 소음에 잠을 포기하고 의자를 당겨 앉으며 노래 순서를 기다리는 모습이 천진하다.

차마 지울 수 없는, 좀 더 젊은 날들로 남기고자 앞으로 성큼 발을 옮기지 못하는 나이이다. 세월을 멈춘 듯 마당 한켠에 세워져 있는 마차가 빗물에 흠뻑 젖고 있다. 암소 뒤를 송아지 울며 따르던 옥정리길* 아스팔트 위로 승용차가 물탕을 튕기며 빠르게 지나가고 있다.

아직은 가슴엔 분홍빛 수줍음이 남아 있다.

* 옥정리길 : 안성시 금광면에서 진천군 이월면으로 넘어가는 고갯길.

눈 오는 겨울에 쓰는 시(詩)

바이올렛 화분이 놓인
탁자 아래로 보이는 정원,
가득한 낙엽 위로
눈이 소복이 쌓이고 있다

계절에도 질서가 있다
새순이 오르고 숲이 푸르러
낙엽이 지고 눈이 내리고
이런 계절의 순환을 보면서
삶도 이런 순환이 있었으면 하는
바람이 있지만
천부께서 허락하지 않은 법칙이다

다들 지나면 돌아갈 수 없는
시간들을 훗날에 무엇 하나라도
남기는 심정으로 열심히 살아들 가고
공허한 그 시간을 메울 수 있는
시인들은 그나마 시집 하나라도
남길 수 있는 것이 큰 위안이다

바그다드에 백 년 만에 눈이 내렸다는
뉴스가 나오고 있다
눈은 모든 사람의 마음을 설레게 한다
눈이 내리는 날,
세상을 설레게 하는
시를 쓰고 싶다.

한숨 쉬고 돌아가는 삶

절거덕거리며 기차가 오고
녹슨 철사 줄 차단벽 너머
양철 지붕 아래 아기가 넘어질 듯
걷고 있다

위태롭게 보이는 것도
살아가며 불협화음이
여유롭게 다른 조화를 이루면
조급한 마음이 사라진 만큼
허망한 마음이 밀려들고

한숨 쉬고 돌아가는 것
툭 건들기만 해도 떨어져
나동그라진 꽃잎을 밟으며
감성을 추스르지 못하고
붉은 신음에 죽어가는 계절을
보지 못했다

가녀린 몸부림이 있고
시공 가득한 애절한 사연이
저린 마음으로 남을 뿐

스쳐 지나는 것에 곁눈질조차도
떠나는 아쉬움에 대한
지나친 미련으로 보인다.

자유를 꿈꾸는 새가 되고 싶다

아침 뉴스, 컨테이너 박스가 뒤따르던 승용차 위로 떨어졌다 한다 날벼락이다

늦가을, 김장을 턱밑에 두고 비가 온다 무슨 시샘인지 늘 하늘은 사람들을 긴장하게 한다

현수교(懸垂橋)를 달리다 혹시 지탱하고 있는 케이블이 끊어지기라도 하면 어쩌나 하는 기우가 현실로 오기도 한다 때론 지식이 불편할 때도 있다

원시인이 꿈꿔 왔던 달나라 여행은 이미 구시대 이야기이고 우주선 고장을 걱정한다

바쁘게 변하고 쫓아가야 하는 시대 주상절리* 해벽 아래 시푸른 파도 위로 창공을 향해 솟구치듯 쏜살같이 추락하던 갈매기가 포근히 비상하고 있다

자유를 꿈꾸는 새가 되고 싶다.

* 주상절리 : 단면의 형태가 육각형, 삼각형으로 긴 기둥 모양을 이루고 있는 절리. 제주도 서귀포시 비경.

사는 동안 우리는

그냥 이슬처럼 왔다 가는 궁핍한, 인생이라 손쉽게 치부하고 추수 후 낟가리같이 황량한 들판에 밀어 놓을 수는 없다.

천둥소리에 식겁하여 기도하고 멀리 떨어져 있는 자식들의 안부를 걱정하는 부모의 애틋한 마음에 하늘도 감동하여 사는 동안 우리는, 자연과 함께 공존하는 축복을 안고, 따스한 가슴을 품는다.

경계(境界)에 서서

프로 축구단이 떠난
부천운동장 옆으로
젊은 새댁이 아기를
어르며 지나간다

마치 철길처럼
느껴지는 하수구 위를 걷다
네 잎 클로버를 발견하고
그런 하찮은 것 하나에
감동하고
글로 옮기는 아무래도
시인도
별반 다른 것이 없다

소식이 많다
김정일 국방위원장이
미국 주둔을
원한다 하기도 하고
어느 곳은 미국산 소고기
수입 반대로

어느 곳은 야구 팬이
서로 다른 이유로
수만 명씩 모였다 한다

서로 다른 것이
공존해 가는 것이 흥미 있다

북한에 식량이
부족하다는데
체중 조절하려고
한강변을 뛰는 모습
경계에 서 있는 슬픔
전율로 오고 있다.

아침 산책

— 원미산 산림욕장에서

이젠 몸알리 같은 원미산
아침 산책길 묘지 위에
풀벌레 싱그러운 울음소리는
살아 있는 것이 아름답다 한다

약수터에 다다라 헛기침
조롱박에 담아 마신 물 한 모금
오장이 후련한 감촉으로
살아 있는 몸 안의 세포가 전율한다

물빛 위
푸른 하늘이 살풋 내려앉고
너른 잎 사이
송송히 파고드는 햇살

스쳐 지나는 사람들
모두, 반가운
살아가는 것이 황홀한
아침이다.

그리움, 포근히 감싸는 저녁이다

노을 저무는 금광지, 칠현산*자락이 붉다. 지천명 나이가 턱밑에서 소싯적 친구들을 만났다. 포도송이 영글듯 쌓여온 이야기에 풀벌레도 귀를 세웠는지 풀잎에 이는 바람 소리만 들려온다.

단맛 익어 가는 밤송이 가시에 손을 찔렸다. 초가을 색바람에 숲이 가늘게 울고 상수리나무에서 떨어진 도토리가 데구루 구른다. 이른 시간에 피운 모닥불이 차츰 꺼져 가고 있다.

산 아래가 까마득하다. 언제 올라왔는지 모르는 산길을 이제 돌아가야 할 것도 걱정이다. 가슴이 울렁댄다. 얽어맨 듯 산을 휘감은 고압선 전주가 마음에 거슬린다. 젖몸살에 저고리 풀어놓은 여인의 젖내가 있는 포근한 저녁이다.

* 칠현산 : 안성시 삼죽면에 위치한 산.

어떤 모순

리비아
신의 이름으로 시위하는
시민에게 총포를 쏘아 대고
시민들은 신의 이름으로
독재자의 응징 위해 기도한다
악마의 행위를 따르는 자도
죽어 낙원을 꿈꾼다

언뜻, 생각나는 것도 없고
시공간이 멈추어 선다

길은 나그네를 위하여 있고
가끔씩 미혹의 늪에서
허우적거리다가도
늘 낙원의 이상을 꿈꾸며
나그네의 길을 간다

염치없는 삶을 영위하는
사람의 가슴도
꽃샘추위 뒤
따스한 봄날, 창문에 부서지는
햇살을 기억한다.

변명이 되지 않는 것

새벽, 잠 깨어
뒤척이다
일어나 앉아
날짜 지난 신문
펼쳐 보고
티브이 리모컨을 찾다
다시 자리에 누워
천장에 피어 있는
꽃잎을 세었다

아이들 등록금
채찍질하듯 빨리도
순환되는 할부금
노모의 병원비
아침 밥상머리에서
푸념하는 아내의
시장바구니 이야기
모두, 변명 되지
않는 것들이다.

별난 세상에 사는 우리

전직 대통령이 투신을 했다. 깨끗한 정치를 했다지만 주변 사람들이 수치스런 일에 가담되고 아무래도 역사에 기록될 일이 걱정된 듯하다.

국민장(國民葬) 중에 북한이 2차 핵실험을 했다. 유엔 상임이사회가 열리고 북한을 제재하겠다 하고 금강산 관광부터 개성공단 문제까지 참 복잡한 일이 많다. 정부도 강력한 대북 제재에 참여하겠다 한다. 아침 출근길 아내는 전쟁 걱정을 하고 아이는 별반 다름없이 학교를 간다.

이런 격동 속에서 삶의 터로 나와 그래도 한 그루 나무를 심고 핵폭탄으로 세상이 멸망하지 않기를 기도한다. 멀리 이국땅에서 우리를 위해 기도하는 사람들이 많은 줄도 안다. 주가지수가 오히려 올라가고, 참으로 이상한 나라에서 우리는 참으로 강인하게들 살아가고 있다.

입술

헤벌쭉 해가 웃는 하늘,
후두둑 빗방울이 떨어진다
여우비다

입술이 초로의 여인
귓불 언저리에 스치니
말랐던 샘물이 솟아오르고

입술이 초로의 사내
귓불 언저리에 스치니
넘어졌던 기둥이 일어나 앉았다

그렇게 소멸되어 가는 것을
재생시키고 심장의 박동을 느끼게
하는 입맞춤, 어둔 세상 고통에서
우리를 잠시 안식하게 한다.

친구야

친구야 술 한잔하자
30년 전 그날 역 앞에서
수구레에 막걸리 한잔
기억이 나지

하고 많은 사람들 중에
서로를 찾으려고
시계탑 앞을 두런거리고

동전 몇 푼 모아
한잔 술을 나누다
방직공장 성에 낀
유리창에 희미한 불빛,
높다란 굴뚝에
연기를 보며
회색 도시에서 일탈을
꿈꾸고
시간을 넘어 이제
시계추 곧추세워 울기까지
등정의 고빗사위를
모두 넘기고도
우린 작아져 있다

아파트 거실에서
커피 향을 맡으며
단풍으로 물든 가을 중턱
낙엽은 또 회억이 되어
땅속으로 부서지고
덩그렁히
또 혼자 남는 것
해걷이바람이 스산하다.

점포 정리

마음이 청빈하지 않아서
생긴 일은 아니다

어린 점원이 빼끔히
문을 열더니
점포 정리라 쓴 글을
쇼윈도에 붙이고서는
할 일을 다 마친 듯
뒷모습 보이며 총총히
골목으로 사라진다

유리로 들여다뵈는
주인을 찾지 못한
가구들이 가지런히
점포에 가득하다
누구든
헐값으로 흥정하겠고
곧 주인이 바뀔 것이다

쉬이 함께 부르던
아름답던 노래도
이젠 찾아올 벗도 없어

두런두런 사는 속내를
나눌 사람도 없는
가구점 주인의
두 눈에 눈물이 그렁하다

언젠가 스쳐 지나는
아픔 정도로 접어두고
한 짐 툭 털어 내듯
자리를 박차고 일어나는
기별이 있기를 바라는 마음,
도시에 산다는 것이
유독 쓸쓸한 저녁,
반쯤 찌그러진 차가운
달빛이 손등에 와 닿는다.

행운은 날개가 있는 꿈이다

먹구름이 산허리를 잔뜩 움켜쥐고 있는
비 올 듯 흐린 날, 언덕에서
홀인원*을 위한 티 샷을 하고 있다

일상의 일탈을 꿈꾸더라도
결국은 모순만 생산되고 있는 것을
스스로가 알게 될 때까지
또 소외된 이웃을 보면 조금은 멋쩍은 얼굴로
구르는 흰 공 하나에 행운을 쫓고 있다

홀인원에 세상의 모든 행운을 얻은 듯
분잡한 모습이 설핏 지나가고
그런 것 모두가 스스로가 만들어 놓은
덫이라고 말하기는 낯이 붉어져
까닭 없는 웃음으로 넘긴다

억지로라도 게워내야 하는 것들
행운은 날개가 있는 꿈이다

구름 가듯 늘 변함없이
종종걸음으로 무심히 지나간 그 자리도

다시는
돌아볼 수 없는 줄 아는 이 없이
바쁘게들 걷고 있고
내 안에서는 욕망만이 꿈틀거리고 있다.

* 홀인원(hole in one) : 골프에서 티 샷을 한 공이 단번에 그대로 홀에 들어가는 일.

우리 어디 가고 있나

중국이 이어도 영유권 주장을 하고
공개 처형된다는 탈북자를 북송하여
우리 가슴에 눈물 나게 하고
강정마을에 해군기지 건설을 반대하는
사람들 구럼비 바위로 몰려갔다

병인양요 아픔의 문수산성,
찬바람 맞으며 성벽 따라 올라 나는
주춧돌 위에 앉아 숨을 고르고
강 건너 개풍 녹슨 철조망에
숨죽인 들판의 농부 모습을 본다

동토의 땅을 내려보면서
이곳에 있음을 감사하고
개성공단 가던 길목,
총 겨눈 군인의 섬뜩한 눈길이
무덤덤하게 인각되었다

어린양이 은화 삼십 세겔*에 팔린 날
새벽닭이 세 번 울고서야
비통(悲痛)의 눈물을 흘리려나.

* 세겔 : 성서의 화폐 단위.

코알라가 자고 있다

침략자와 파수꾼을
함께 담고 가는
지구는 참으로 인내심이 깊다

초행(初行)의 오스트레일리아
알을 낳는 포유류
오리너구리, 바늘두더지의
신비로움과 캥거루가 있는 동물원

코알라가 유칼립투스 나무 향기에
취해 잠을 자고 있다

보아야 할 시간에 잠자고
모두가 잠든 시간 깨어나는
느릿한 동물

태초부터 창조주가
문명 시대 추악한 우리네 몰골을
감춰 주시려고 지으신 편재하심과
관용의 모습으로 보인다.

김휘열 시(詩) 악마적 시대고(時代苦) 극복의식

— 김휘열 제2시집 『반추』 평설

이 수 화
(사)세계문인협회 상임고문 · 국제펜클럽 원임부이사장

1.

김휘열 시(김휘열 詩人의 詩)는 그가 살아온 한 시대고(時代苦)의 반영물(反映物 · influential matter)이다. 시인의 콘텍스트(context)로서의 시대상(時代相)을 형성하고 있는 비극사의 악마적 이미저리는 동시대인(同時代人)들 삶의 원상(原相)을 말해주며 시인이 극복한 훌륭한 미학의 텍스트로 표상화되고 있다. 동시대 독자로서는 생체험의 감각적 마비와 폭력적 훈치를 벗어날 수 있는 인문학적 아름다운 수혜일 터이다. 그러나 거기에는 한 시대의 고뇌를 관통해 시인의 피어린 상상력으로 빚어지고 있는 주밀한 언어와 고단한 삶의 미학적 극기의 감수성이 응집되어 있는 것이다. 그것은 시인 김휘열의 개인사를 뛰어넘는 동시대 공동체적 삶의 숙망(宿

望)이란 점에서 우리의 그 지나온 의식사적(意識史的) 궤적의 전모를 파악케 하는 의의와 더불은 김휘열 시(詩)의 전모에 핍진하게 접근케 하는 인문학 체험의 아름다움일 터이겠다. 일언이폐지(一言以蔽之)코,

> 전직 대통령이 투신을 했다. 깨끗한 정치를 했다지만 주변 사람들이 수치스런 일에 가담되고 아무래도 역사에 기록될 일이 걱정된 듯하다.
>
> 국민장(國民葬) 중에 북한이 2차 핵실험을 했다. 유엔 상임이사회가 열리고 북한을 제재하겠다 하고 금강산 관광부터 개성공단 문제까지 참 복잡한 일이 많다. 정부도 강력한 대북 제재에 참여하겠다 한다. 아침 출근길 아내는 전쟁 걱정을 하고 아이는 별반 다름없이 학교를 간다.
>
> 이런 격동 속에서 삶의 터로 나와 그래도 한 그루 나무를 심고 핵폭탄으로 세상이 멸망하지 않기를 기도한다. 멀리 이국땅에서 우리를 위해 기도하는 사람들이 많은 줄도 안다. 주가지수가 오히려 올라가고, 참으로 이상한 나라에서 우리는 참으로 강인하게들 살아가고 있다.
>
> —「별난 세상에 사는 우리」 전문

비록 스탠자 구분이라는 산문시(散文詩 · prose poetry)의 일탈 형식을 취했지만 예시는 김휘열 시의 콘텍스트로서의 시대상이 응축된 표상화에 이르고 있

다. 시적 주체가 살아온 6·25전쟁과 군사 문화 시대의 피어린 악마적 이미저리에서 벗어난 고질병으로서의 분단의 시대고(時代苦)가 상존하던 악마적(惡魔的) 공간에 대한 공동체적 삶의 비극적 원상(原相)을 술회하고 있는 것이다. 이와 같은 시적 주체의 비극적 삶의 원상의 생체험을 통한 깨달음의 세계관은 실상 생애 전반에 걸친 숙명론일 수도 있는 바, 그의 유소년 시대 겪은 어머니와의 사별(死別)은 그 비극적 트라우마(心理的外傷)로 굳혀진 것이었다. 가령,

찬밥에 목이 메여
서글픈
눈물방울이 떨어졌다

다섯 살 적
폐병으로 떠난
어머니의 꽃상여를
붉은 옥수수 밭에서
바라보며
눈물만 흘렸다

사립문 열고
어머니가 돌아오는
꿈을 꾸고
그리워
흐르던 눈물은
밤마다 베갯잇을 적셨고

다음 생애는
어머니와 함께
살 수 있게 해 달라
기도했다

열두 살 적
할머니마저 돌아가신 뒤
아이는
검은 가마솥에
홀로 아버지 밥을 짓고
꿈결에 사립문 열고 오는
어머니를
만나기 위해
별이 뜨기 전 잠자리에
들곤 하였다.

—「눈물」 전문

이와 같은 시인의 유소년 시대 트라우마 충격은 평생을 지배하는 인간 심리의 보편적 원상(原傷)이 되기도 하는데 특히 인간의 애별이고 중에 혈연 간의 사별은 원만한 치유로 죽음이라는 원상으로 형성된다. 이러한 시인에게 있어 세계는 갈수록 잠시 머물다 가는 허허로운 시공(時空)에 불과하다는 허무 극복의 영원주의에 물들게 되는 종교적 삶의 원상(原相, 原罪)에 이르는 깨달음에 들게 된다.(3연 최종 4개 라인) 여기에 김휘열 시의 악마적 이미저리 시대를 극복해온 미학이 출발점에 놓여지는 것이다. 이 삶의 비극적 원상을 극복하는 그의 시인으로서의 정신사적 궤적에 대한 평설자의 척박한 글 길은 다음 본장에서 그 세부까지 섭렵하게 된다.

2.

장독 위로 눈이 수북이 쌓인 아침, 장으로 행상을 갔던 어머니가 돌아오지 않았다. 누이는 청솔가지를 아궁이에 지피우고 뒤주에 남은 한 줌 보리쌀로 오 남매의 아침밥을 지었다. 길 막힌 신작로에 군용 지프가 지나간 후, 저물녘 어머니가 돌아올 때까지 나는, 부지깽이로 어머니 얼굴만 그리고 앉아 있었다.

—「반추(反芻)」 앞 연(聯)

이 작품은 예시한 앞 연(聯)의 시적 주체가 유소년 때에 겪은 궁핍(주로 물질적)한 시대고(時代苦)를 통해 사별하기 전 어머니의 삶의 원상에 대한 전사적(戰士的) 이미지를 통해 자신의 극복 의지를 다진 사실(Fact)을 회고조로 표상화하고 있다. 뒷 연(聯)(본 시집 본문 참조)은 시적 주체의 퍼스팩티브상 중장년을 넘긴 시점의 세계상인 바, 시적 주체가 회고하고 있는 앞 연과 뒷 연의 삶의 표정은 대조적이지만 그 삶의 원상으로서의 비극적 시대고는 여전함을 암시하고 있음에 이 시의 외연작용(外延作用 · extension)과 내연작용(內延作用 · intension)의 융합기법(엘리어트의 통합된 감수성의 기법과 같은)은 효력을 발휘한다. 시인 김휘열의 삶의 비극적 원상을 극복하는 쓸쓸함으로(모친과의 사별 이후)서의 고독과 비애의 현장(시대고)을 잘 견뎌내는 의지의 미학화인 것이다. 그래서 그는,

고향 집에 들린 터에
안성교에 갔다

오랜 풍우에 이젠
우마도 다닐 수 없다

녹슨 철근이
배를 드러내고 있다

모르는 사람이 어깨를
툭 치고 지나간다

무안할까 봐
반갑게 인사를 했다

조부와 아비가
아비와 내가
건너던 다리다

장날이면 궁벽한
촌부가 소잔등을
후려치며 건너던

늠름한 다리였다

이랴
이랴.

—「안성교에서」 전문

이 시의 핵심을 객관적 상관물인 고향의 녹슨 다리 "안성교"를 자신의 시대고(時代苦)에 고단했던 삶의 원상을 결부해 상징해놓고 있는 데에 두고 있다.

아울러서 그 다리가 공동체적 운명의 삶, 곧 궁핍한 비극적 시대고의 삶이 건너던 늠름한 다리였다는 메타포어와 후말 두 행에 걸친 유의적(喻義的 · vehicle) 소몰이 도호격 공감각어 두 마디 속에 숨겨진 어머니상(像)의 눈물겨운 존중 어린 표상 이미지는 우리의 심회를 고양시키기에 충분하다. 바로 이 점에서 김휘열 시의 비극적 시대고 극복의 미학은 그 우수성을 드러낸 셈이다. 다른 한편,

어느 여름날 안성천 모래밭을 뛰어놀다, 갑자기 쏟아지는 소나기를 피했던 참외 원두막, 비에 흠뻑 젖은 셔츠 위로 막 피어오르던 계집아이의 봉긋한 가슴을 보았다. 수줍어 바로 보지 못하고 비 멈출 때를 기다려 도망치듯 집으로 달음질을 쳤다. 그 후로 계집아이를 볼 때마다 속내를 들킨 것 같아 나는 늘 얼굴을 붉히곤 했다.

—「고향 들판에 서서 · 2」 전문

시적 주체가 사춘기 때 겪은 리비도(性慾 · Libido)의 대상을 그가 사별한 어머니상(像)으로 대리해 윤리의식으로써 극복한 비의적(秘意的 또는 告白的) 표상화이다. 그가 살아낸 생철학(生哲學)의 한 면이란 점에서 이 텍스트 또한 시인의 시대고 극복의 표상화 범주 안에 든다고 하겠다. 이러한 김휘열 시의 비극이 아닌 아름다운 어머니상으로부터 비롯한 성장 에네르기가 애틋한 미학의 형상화에 이른 작품이 매화(梅花)이다.

겨울의 끝자락, 찬바람에
흔들리는 꽃가지로
봄이 오면
잔설 속에서 봉긋 솟아오른
꽃망울마다 춤추듯
꽃잎 피어오르고

봄추위 아랑곳없이 홀로
여린 꽃을 피우다
청초히 은은한 향기로
봄소식을 먼저 전한다

휘지 않는 고결한 선비의
모습으로 오기도 하고
전장에서 막 돌아와 투구를 벗는
장수 모습으로 올 적도 있다

바람에 부서져 흩어질 듯
애처로운, 진하지 않은
꽃잎이 속삭이듯 한 올씩
하늘거리고 있다.

—「매화(梅花)」 전문

우리의 전통어로 말해 오상고절의 매화(梅花)를 노래한 듯하지만 실은 매화를 객관적 상관물로 해서 시적 주체의 유소년 때 사별한 비극적 어머니상(像)의 원상화(原相化)이자 김휘열 시대고 극복 의지의 포에지[시정신(詩精神)]의 미학적 표상이다. 그것은 제3연(聯)에서 매화의 전통적인 표상인 "고결한 선비의/ 모습으로 오기도 하고" 파격적 의외성으로 매화를 "전장에서 막 돌아와 투구를 벗는/ 장수 모습으로 올 적도 있다"는 고착화된 인식의 이디엄(idiom) 변화를 꾀한 적절한 시인의 수사학(修辭學 · rhetoric) 솜씨 소산일 터이다. 동시에 이 시는 시인이 겪은 어머니 사별의 트라우마를 벗어내는 시대고 극복의 시정신을 기반으로 하여 연약하고 잊혀지기 쉬운 지상의 온갖 생령들에 대한 강건한 인인애(隣人愛)와 옹호감을 객관적 상관물[梅花]에 의탁해 효과적으로 형상화했다는 점에서 은연한 감동력을 촉발시킨다 하겠다. 후말연, "바람에 부서져 흩어질 듯/ 애처로운, 진하지 않은/ 꽃잎"은 결국 그의 유소년 때 사별한 모상(母像)이고, "속삭이듯 한 올씩/ 하늘거리고 있"음이야말로 시인이 평생을 앓아온 시대고(時代苦)의 아름다운 극기상(克己像)에 도달한 태도일 터이다. 그는 그리하여 이제 저 오상고절의 매화(梅花)처럼 강인하고 한 올씩 하늘거리는 매화 꽃잎같이도 아름다운 삶의 어머니와 다시 만나게 된 것이다.

①

이웃과 소통이 없는 숨 죽은 도시에서
이렇게나마 이웃과 소유한 것을
나눌 수 있다는 것도 큰 행복이다

산그늘에서
음율 고르지 않은 색소폰 소리를
들어주고 갈채를 보내는
사람들이 싱그럽기만 하다.

②

동전 몇 푼 모아
한잔 술을 나누다
방직공장 성에 낀
유리창에 희미한 불빛,
높다란 굴뚝에
연기를 보며
회색 도시에서 일탈을
꿈꾸고
시간을 넘어 이제
시계추 곧추세워 울기까지
등정의 고빗사위를
모두 넘기고도

우린 작아져 있다

나란히 병치한 예시 ①은 「원미산에서」 후반 두 개 연(聯)이고 ②는 「친구야」의 후반 셋째 스탠자이다.

이 두 편의 예시는 ① 텃밭의 소출을 서리해 간 이른바 절도범을 역설적으로 행복을 가져다 준 이웃으로 받아들이는 시적 주체의 소통이 부재한 도시 생활 안으로서의 시대고를 표상하고 있다면 ②는 피어린 악마적 이미저리 시대고 대신 어제는 포스트 모던(후기 산업 사회) 시대고에 여전히 소시민적 고뇌의 삶의 모습을 통곡해 보이고 있다. 시인의 개인사(個人史 또는 事)가 아닌 나와 연계된 남의 세계, 내 의식 밖의 세계에 대한 진정성의 관심과 인인애(隣人愛)를 표상화하고 있다는 점에서 김휘열 시의 시대고 극복 의지로 응집하여 실천해 온 시정신은 이제 매우 감동적인 미학 창출의 형상화에 이르렀다 하겠다. 이제 그것이 이 시집 『반추』(2012. 06. 도서출판 天雨 출간)에 수록되는 김휘열 시의 총체적 평가를 가늠할 만한 경천동지의 절창 한 편을 숙독하는 바로써 척박하게나마 평설글을 갈음코자 한다.

헤벌쭉 해가 웃는 하늘,
후두둑 빗방울이 떨어진다
여우비다

입술이 초로의 여인
귓불 언저리에 스치니

말랐던 샘물이 솟아오르고

입술이 초로의 사내
귓불 언저리에 스치니
넘어졌던 기둥이 일어나 앉았다

그렇게 소멸되어 가는 것을
재생시키고 심장의 박동을 느끼게
하는 입맞춤, 어둔 세상 고통에서
우리를 잠시 안식하게 한다.

—「입술」 전문

지금까지 살펴본 바와 같이 김휘열 시는 유소년 때 겪은 모친 사별의 원상적(原相的) 삶의 트라우마와 생애를 싸고 출몰해 간 생체험이 복합된 악마적 시대고를 극복하는 시정신의 수사학으로 응축된 미학적 반영물이라는 사실(Fact)이 그 특성을 이룬다. 그러한 시인의 길항적(拮抗的) 극기의 자세가 예시(例詩)에서는 그 메소드가 달라진다. 하늘에 뜬 태양은 "헤벌쭉"하게 웃는 포스트 모던(후기 산업 사회) 시대고(時代苦, 환경 공해 등)를 노정해 후두둑 떨어지는 빗방울조차 "여우비"다.

여기에 "입술이 초로"인 남녀의 피어린 과거 악마적 시대고가 겹쳐진 리비도는 여인의 "말랐던 샘물이 솟아오르"게 하고 사내의 "넘어졌던 기둥이 일어"서게 해서 잠시 어둔 시대고를 잊게 한다는 김휘열 시 시대고 극복의 포에지[詩精神]는 여전함을 과시한다. "말랐던 샘물"과 "넘어졌던 기둥"과 같은 바이클(vehicle · 喩義) 구사와 기승전결이 주밀한 전통적 플롯, 안정된 회화체(會話體) 가락의 어조 등 모더니즘시의 기법적 변화가 이 시의 주된 방법상의 전향적 진화지만 김휘열 시 시대고 극복의 포에지는 여전하다는 일방, 그의 개인사적 시사(詩史)가 저 악마적 시대고를 살아낸 대부분 한국인의 극복 대상인 소시민적 삶의 원상이지 결코 좌절과 절망의 늪일 수만은 없다는 시미학(詩美學)의 아름다운 위문사(慰問使)로서의 김휘열 시인이 숙망(宿望)해 온 시업(詩業) 또한 여전함을 보여주고 있는 것이다. 그의 시대고를 통찰하는 확실한 인식론과 표현(Render)하지 않고는 견딜 수 없이 황홀한 감동의 생체험, 그 영원성의 인문학 창작열이 식지 않기만을 빌어 마지않는 바이다.

2012.
장미 향기 황홀한
서울 삼개나루 수당헌(樹堂軒)에서
석란사(石蘭史) 씀.

문학세계대표작가선 656

반추(反芻)

김휘열 제2시집

인쇄 1판 1쇄 2012년 6월 8일
발행 1판 1쇄 2012년 6월 15일

지 은 이 : 김휘열
펴 낸 이 : 金天雨
펴 낸 곳 : (주)천우미디어그룹/도서출판 天雨
등 록 : 1992. 2. 15. 제1-1307호
주 소 : 서울시 성동구 무학봉28길 6(하왕십리동 966-23) 금용빌딩 2
전 화 : 02)2298-7661
팩 스 : 02)2298-7665
http://www.moonhaknet.com
E-mail : ing@moonhaknet.com

값 7,000원

ISBN 978-89-7954-507-4